Gert O. E. Sattler

Köstlichkeiten und Besonderheiten

aus Ost- und Westpreußen

Husum

Umschlagbild: Schloßteich mit Blick vom Münzplatz,
Postkarte von 1916
Textillustrationen: Johannes Hinz

Die Deutsche Bibliothek – CIP-Einheitsaufnahme

Sattler, Gert O. E.:
Köstlichkeiten und Besonderheiten aus Ost- und Westpreußen / Gert O. E. Sattler. – Husum : Husum, 1997
(Husum-Taschenbuch)
ISBN 3-88042-814-X

Satz: Fotosatz Husum GmbH
Druck und Verarbeitung: Husum Druck- und Verlagsgesellschaft
Postfach 1480, D-25804 Husum
ISBN 3-88042-814-X

Heimat ist Herz

Einst war das Land
klar und sichtbar,
auf seiner Flur
Kraft und Licht war,
daß man's vergißt,
das ist nicht wahr,
Heimat ist Herz:
unverzichtbar.

In memoriam

Wie genügsam und bescheiden,
zäh und fleißig, kühn und klar,
jenes Volk im Bernsteinlande
vor der Volksvertreibung war,
priesen all die großen Ernten
in der Heimat, der besternten,
jeden Sommer, Jahr für Jahr.

Angerburger Aale

Im atlantischen Bereiche
laicht der Aal im Aalversteck,
Larven schlüpfen aus dem Laiche,
und der Golfstrom treibt sie weg.

Unergründlich ist das Leben,
rätselhaft seit Urbeginn,
feine Gläseraale streben
zu den Seen Masurens hin.

Ruß und Pregel, auf und nieder,
Ming' und Memel, hin und her,
schwimmt der Aal; doch immer wieder
muß er ins Sargassomeer.

An der Angerapp im Tale
fing man Aale, Strand bei Strand,
nach dem Angerburger Aale
wurden Stadt und Fluß benannt.

Angerburg an der Angerapp war eine Kreisstadt im Regierungsbezirk Gumbinnen. Sie ging aus einem Wildhaus hervor, das der deutsche Orden im Jahre 1335 anlegte. 1571 erhielt das Dorf Stadtrechte.
Angerburg liegt in der Nähe des Mauersees. Deshalb nannte man die Stadt das Nordtor zur Masurischen Seenplatte. Im 17. Jahrhundert ließen sich Schotten in Angerburg nieder.
Die Angerapp kommt aus dem Mauersee und fließt an Angerburg vorbei. Sie ist reich an Aalen. Ihr Name ist prußischen Ursprungs; denn: anguris = Aal und ape = Fluß. Die Angerapp ist also der Aalfluß.
Das Sargassomeer, das südöstlich der Bermudas liegt, ist der Laichplatz aller amerikanischen und europäischen Flußaale.

Bartensteiner Beetenbartsch

Vier rote Rüben, mittelgroße,
gedämpft, geschält und fein geraspelt,
vermischt mit einer Prise Zucker
und einem Löffel Tafelessig,
sind erster Teil des Beetenbartschs.

Ein Kilo Rindfleisch, weich geköchelt,
gewürzt mit Lorbeerblatt und Zwiebeln,
mit Stangenporree angereichert
und jeder Menge Suppengrün,
ist zweiter Teil des Beetenbartschs.

Die Rindfleischbrühe, fein gebunden
mit Mehl und Zucker, Salz und Sahne,
gewürzt mit echtem Majorane,
dem Mairan aus dem eig'nen Garten,
ist dritter Teil des Beetenbartschs.

Die Salzkartoffeln fertig dämpfen,
das Fleisch in Würfelstücke schneiden,
den Schmand, den sauren, nicht vergessen,
und dann beginnt, wer kann's beschreiben,
der schönste Teil des Beetenbartschs.

Bartenstein war eine Kreisstadt im Regierungsbezirk Königsberg i. Pr. Sie liegt an der Alle, einem Nebenfluß des Pregels, mitten im Herzen von Ostpreußen. Der Ort ging aus einer Burg hervor, die 1241 erbaut wurde. Die Stadtrechte erhielt Bartenstein bereits im Jahre 1332.
Beetenbartsch wurde nicht nur in Bartenstein gern gegessen, sondern im ganzen Land.
Das wichtigste am Beetenbartsch, einem Eintopfgericht, sind Rote Bete, beta vulgaris, mit tiefrotem Fleisch. Im Unterschied zu anderen ‚langen Gerichten', wie viele Ostpreußen sagen, werden beim Beetenbartsch Salzkartoffeln in der Regel extra gereicht.

Braunsberger Bier

Schon zur Zeit des Ritterordens
hat man Gerste angebaut,
hat aus Hopfen, Korn und Wasser
reines deutsches Bier gebraut.

In den Klöstern lagen Fässer,
Eichenfässer, Wand an Wand,
später gab es Brauereien
überall im ganzen Land.

Das Gebräu von Gottes Gnaden
war erlaubt zur Fastenzeit;
denn es stärkte Geist und Seele,
machte Herz und Sinne weit.

Nach dem „Austen“, nach dem Ernten,
gab's zum Feste, dort und hier,
Brot und Butter, Wurst und Schinken,
und dazu ein „Tulpchen“ Bier.

Braunsberg war eine Kreisstadt im Regierungsbezirk Königsberg i. Pr., beiderseits der Passarge vor der Einmündung des Flusses ins Frische Haff.
Die Stadt wurde vom Deutschen Orden 1241 als Burg und 1251 von Bischof Anselm vom Ermland als Bischofsresidenz gegründet. Stadtrecht erhielt sie 1254. Der Bischof verlegte den Residenzsitz um das Jahr 1350 nach Heilsberg.
Das erste Bier wurde im Franziskanerkloster von Braunsberg gebraut. Zur Ordenszeit entstanden zuerst in Klöstern Brauereien, da Bier auch während der Fastenzeit erlaubt war.
Nach der Gründung von Städten gab es in der Provinz auch bürgerliche Brauereien. Zu den bekanntesten gehören u. a. die Brauereien von Bischofsburg an der Dimmer, Gerdauen am Baktinsee, Neidenburg an der Neide und Goldap an der Goldap.
Ein besonderes Starkbier gab es in Tolkemit.
Königsberg i. Pr. hatte mehrere Brauereien. In der Hauptstadt wurde u. a. das Ponarther Märzbier spezial gebraut, das sich großer Wertschätzung erfreute.

Cadiner Majolika

Es liegt ein Ort am Frischen Haff
im alten Preußenland,
der Ort ist durch Majolika
in aller Welt bekannt.

Hier schuf man Vasen und Reliefs
nach altem Handwerksbrauch,
Pokale, Fliesen, Kachelgut,
Geschirr und Büsten auch.

Die Farben glänzten kobaltblau,
türkis und eisenrot,
vergoldet, silbern, bernsteinhaft
und braun wie Bauernbrot.

Der Kaiser selbst hat diese Kunst
am Frischen Haff gepflegt:
So manches Stück Erinnerung
den Geist der Heimat trägt.

Cadinen, direkt am Frischen Haff gelegen, gehört zum Kreis Elbing, Regierungsbezirk Marienwerder. 1939 hatte es rund 500 Einwohner.
Ursprünglich war Cadinen ein Gut, das 1255 zum ersten Mal erwähnt wird. 1898 erwarb Kaiser Wilhelm II. das Gut und verwendete es als Sommerresidenz.
Die Handstrichziegelei an der Küste ließ er zu einer modernen Majolika-Fabrik ausbauen. Majoliken sind Tonwaren. Die erste Handelsware kam aus Faenza, einem Ort in Italien. Deshalb nennen die Franzosen ihre Tonwaren Fayencen.
Der Zwischenhandelshafen für die Tonwaren aus Faenza wurde die spanische Insel Mallorca. So bürgerte sich für die italienischen Tonwaren auch der Name Majolika ein.
Fliesen und Kacheln in Berliner Bahnhöfen, im alten Hamburger Elbtunnel und im Hauptbahnhof von Königsberg i. Pr. stammen aus Cadinen am Frischen Haff.

Cranzer Flundern

Die Flunder ist ein Speisefisch
und kommt geräuchert auf den Tisch,
man kann sie voll Begehren
am Orte gleich verzehren.

Es steigt ein angenehmer Duft
beim Räuchern in die Sommerluft,
die Silbermöwen kreischen,
um Bissen zu erheischen.

Egal, ob Gretel oder Hans,
man ißt im Samlandorte Cranz
am Strand und am Gestade
die Flunder nach dem Bade.

Ein jeder sich die Finger leckt,
weil eine Flunder köstlich schmeckt,
sie ist ein Küstenwunder,
die heißgeliebte Flunder.

Cranz, an der Nordküste des Samlands gelegen, ist der größte Badeort Ostpreußens. Aus einem Krug und einer Fischersiedlung aus der Zeit des Deutschen Ordens entstand das erste Seebad.
Es war der beliebteste Badeort aller Königsberger, weil man ihn mit der Bahn in einer halben Stunde erreichen konnte und sein Wald und Strand zur Freizeit einluden. Hier gab es den höchsten Wellengang in der Ostsee, in deren Fluten sich die Flunder tummelte, die frischgeräuchert am besten schmeckt.
Sie wurde von den Fischern gefangen. Das Räuchern der Fische über Tannenzapfen in Räucherkästen am Strand übernahmen die Fischersfrauen.
Die Flunder, die zur Familie der Schollen gehört, ist ein 20–45 Zentimeter langer Plattfisch, der bis zu 1,5 Kilogramm schwer wird. Der Fisch lebt in Küstengewässern und im Brackwasser (Salz- und Süßwasser) von Haffen. Er dringt aber auch ins Süßwasser der Flüsse und Ströme ein.

Danziger Heißgetränk

Trockenobst, kandierte Früchte,
Datteln, ohne Kern und Zopf,
Sultaninen und Rosinen
schnippelt man in einen Topf.

Auf das Drahtgestell des Topfes
stellt man einen Zuckerhut,
gut getauft mit Rum, mit echtem,
dieser Hut ein Wunder tut.

Er kriegt Feuer um die Flanken,
und im roten Flammenschein
tropft er langsam, aber stetig
in das Herz des Topfs hinein.

Weißwein gießt man auf die Früchte,
schwarzen Tee und Citrussaft,
heiß muß man den Trank genießen,
das erhöht die Zauberkraft.

Danzig, lateinisch Gedanum, liegt an der Mottlau, etwa sechs Kilometer südlich der Weichselmündung in der Danziger Bucht der Ostsee. Die Stadt hat eine wechselvolle Geschichte.

1309 kam Danzig mit Pomerellen an den deutschen Orden und wurde Mitglied der Hanse.

1454 gehörte Danzig zu Polen und 1793 zu Preußen.

Napoleon machte Danzig von 1807 bis 1814 zur „Freien Stadt“.

1878 wurde Danzig die Hauptstadt Westpreußens.

1918 wurde Danzig aufgrund des Versailler Vertrages dem Völkerbund unterstellt, der sich von einem Hohen Kommissar vertreten ließ.

1939 gehörte Danzig wieder zu Deutschland und 1945 kam es unter polnische Verwaltung.

Im Mittelalter wurde Danzig zu einem architektonischen Kleinod. Davon zeugen die gotische Marienkirche, das Zeughaus, der Artushof, das Krantor, die „Lange Brücke“ und die Tore und Bürgerhäuser der Stadt.

Danziger Goldwasser

Alles Gold auf dieser Erde
kam von einem and'ren Stern,
kam aus unbekannten Räumen,
x-Millionen Jahre fern.

Riesensterne explodierten
irgendwann auf dieser Welt,
und ihr Herz, das goldgeprägte,
fiel als Staub vom Himmelszelt.

Eine Wolke dieses Goldes
traf auch unser Erdenrund
und versteckte sich in Kratern,
Berggestein und Felsengrund.

Auch dem „Dübelt Güldenwasser"
war'n die fremden Sterne hold:
Herrlich schwebt in jedem „Lachse"
reines, pures Sternengold.

Danziger Goldwasser hieß ursprünglich „Dübelt Güldenwasser“ (Doppeltes Goldwasser). Dieses „Wasser“, es handelt sich um einen hellen Kräuterlikör, in dem 22-karätige Goldplättchen schweben, wurde nachweisbar seit 1598 nach unveränderten Rezepturen in Danzig hergestellt.
Ambrosius Vermöllen, der aus Lier in Holland kam, erhielt aufgrund preußischer Toleranz die Erlaubnis, in Danzig eine Likörfabrik zu eröffnen. Er mietete ein Haus in der Breitengasse, das zum Kloster Oliva gehörte.
Das Haus hatte zwar keine Hausnummer, dafür war aber auf der Hauswand ein riesiger Lachs aufgemalt. Bald sprach man von Likören aus dem Lachs und bestellte sich in Gastwirtschaften einen „Lachs“.
Danziger Goldwasser wird sogar literarisch gewürdigt, z. B. in Lessings „Minna von Barnhelm“ und in Kleists „Der zerbrochne Krug“.

Elchniederunger Glumse

Glumsgebäck und Glumsetorten
waren überall bekannt,
hier und dort und allerorten,
auf und ab im Bernsteinland.

Frisch am Morgen: Quarkeinkäufe,
die Marjellens waren flink,
wenn's um Schmand- und Glumsaufläufe,
Keilchen, Brot und Kuchen ging.

Glumseschaum und Glumseflinsen
sind ein Traum und ein Gedicht,
kein Marjellchen mußte plinsen,
gab's zu Haus ein Glumsgericht.

Glumsverliebte „Glumsenickel"
aßen gerne Schmand und Quark,
hatten Glumse stets beim Wickel;
denn durch Glumse wird man stark.

Die Elchniederung liegt südlich des Memeldeltas und östlich des Kurischen Haffs. Der Hauptort, gleichzeitig Sitz der Behörde, war Heinrichswalde. Die Elchniederung bildete allen anderen Kreisen Ostpreußens gegenüber eine Ausnahme: Sie war der einzige städtelose Kreis. In der Elchniederung stand die Landwirtschaft, vor allen Dingen die Rinderzucht und Milcherzeugung, in hoher Blüte. In den Landkreisen Tilsit-Ragnit und Elchniederung wurde der in aller Welt bekannte Tilsiter Käse hergestellt.

Ein typisch ostpreußisches Gericht an Sommertagen ist Schmand mit Glumse (Sahne mit Quark). In Ostpreußen gab es Glumsbrote, Glumskuchen, Glumsfladen, Glumstorten und Glumsgebäck. Zu den Glumsgerichten gehörten: Glumsflinsen, Glumskeilchen und Glumsnudeln.

Als Nachtisch waren Apfelglumse, Erdbeerglumse oder Glumsaufläufe mit Früchten sehr beliebt.

Speisequark ist reich an Eiweiß, Kalk, Milchzucker und Phosphorsalzen.

Goldaper Kringel

Goldap, malerisches Städtchen,
Namen sind nicht Schall und Rauch,
ganz berühmt sind deine Kringel,
deine Knusperbrezeln auch.

Hohe Berge, tiefe Täler
und Gewässer bis zum Wald
sind ein Paradies der Erde,
Gottes schönster Aufenthalt.

Welch ein Marktplatz in der Mitte,
Bäcker gingen ein und aus,
Gerber, Wirker, Hütemacher
waren in der Stadt zu Haus.

Goldap liegt am Goldap-Flusse,
liegt am Fuß der Seesker Höh'n,
schon im Frühling singt der Sprosser:
„Goldap, du bist wunderschön."

Goldap an der Goldap war eine Kreisstadt im Regierungsbezirk Gumbinnen. Sie liegt am Fuße der Seesker Höhen und am Rande der Rominter Heide. Teile des Kreises Goldap ragen nach Masuren hinein.
Der Marktplatz von Goldap ist zwölf Morgen groß, das sind drei Hektar. Ein Morgen war ursprünglich der Teil eines Ackers, der von einem Bauern am Morgen (Vormittag) mit einem Pferd und Pflug umgepflügt werden konnte.
Goldap war eine Handwerkerstadt. Bäcker, Gerber, Hutmacher, Strumpfwirker und Tuchmacher waren hier zu Haus. Brezeln und Kringel wurden in alle Welt verschickt.

Gumbinner Landbrot

Das Landbrot der Heimat, wer kann es beschreiben?
Es wird ein Geheimnis, ein ewiges bleiben.
Lag's an der Luft oder lag es am Stein,
lag es am Wasser, kristallklar und rein?
Ich weiß nicht woran; doch ich weiß eins:
Es schmeckte wie keins.

Das Landbrot der Heimat, wer möcht' es nicht essen,
wer hat es nicht gern und am liebsten gegessen?
Lag es am Mehl, am gesäuerten Teig,
lag's an den Wäldern, dem Tannengezweig?
Ich weiß nicht woran; doch ich weiß eins:
Es schmeckte wie keins.

Das Landbrot der Heimat, dem Lande zum Ruhme,
war kroß in der Kruste und zart in der Krume.
Lag es am Salz oder lag es am Born,
lag's an den Äckern, am kraftvollen Korn?
Ich weiß nicht woran; doch ich weiß eins:
Es schmeckte wie keins.

Gumbinnen war die Hauptstadt und eine Kreisstadt des Regierungsbezirks Gumbinnen im östlichen Teil der Provinz Ostpreußen. Die Stadt liegt an der Mündung der Rominte in die Pissa, einem Quellfluß des Pregels.
In Gumbinnen siedelten im Laufe der Zeit Pfälzer, Magdeburger, Nassauer, Schweizer, Litauer und vor allen Dingen Salzburger. Deshalb nannte man Gumbinnen auch Salzburgerstadt.
Zwei Denkmäler zierten den Stadtkern. Zum einen das Standbild Friedrich Wilhelms I. vom Bildhauer Christian Rauch und zum anderen das Standbild eines Bronze-Elchs.
Ostpreußen hatte weite Roggenfelder, und es wurde ein würziges Brot gebacken. Dabei diente Sauerteig als Treibmittel. Sauerteig ist ein gegorener Roggenmehlteig, der aus Hefepilzen und Milchsäurebakterien besteht.

Heiligelinder Kirchenfenster

Laßt Portwein, dunkelrot und schwer,
in einem Glas erblüh'n,
nehmt Ei- und Pfefferminzlikör,
zum Rot kommt Gelb und Grün!

Die Farben werden ein Gedicht,
durch Kerzenschein erhellt,
es ist, als ob des Mondes Licht
in eine Kirche fällt.

Da werden Blicke somnambul,
man nippt am Wundertrank
und denkt, der Hocker oder Stuhl
wär' eine Kirchenbank.

Man spürt sie nicht, die Seelennot,
bei diesem süßen Brand,
man sieht in Grün und Gelb und Rot
sein liebes Heimatland.

Heiligelinde ist ein Dorf im Kreis Rastenburg, Regierungsbezirk Königsberg i. Pr. Es liegt sechs Kilometer südöstlich von der Kreisstadt Rößel entfernt, die zum Regierungsbezirk Allenstein gehört.

Wo eine Linde stand, baute man eine Kapelle. Bis 1780 war Heiligelinde eine Jesuitenniederlassung. Die Marienwallfahrtskirche, eine Barockkirche, wurde von den Jesuiten unter Leitung des Architekten Ertly aus Wilna geschaffen. Obwohl sie im Kreis Rastenburg liegt, wird sie zum Ermland gerechnet, weil sie dem ermländischen Domkapitel gehörte.

Die bunten Bleiverglasungen von Kirchenfenstern erinnern an eine Likörmischung, die man in Ostpreußen Kirchenfenster nannte. Wenn man diesen Likör in einem Lokal bestellte, bekam man ein Grogglas, das je zu einem Drittel mit Portwein, Eierlikör und Pfefferminzlikör gefüllt war, die sich nicht miteinander vermengten, weil auch der Portwein schwer ist.

Heiligenbeiler Spielzeugbüchse

Am Frischen Haff in Heil'genbeil,
da bot man Drechselarbeit' feil
zum Träumen und zum Spielen,
die Kindern sehr gefielen.

Man stellte Kaffeekännchen her,
Gedecke, Krüge, leicht und schwer,
auch Löffel, Gabeln, Messer,
Geschirr und Räucherfässer.

Man schnitzte eckig, spitz und rund,
das Pferd, die Ziege und den Hund,
auch Hasen, Rehe, Füchse,
sogar die Spielzeugbüchse.

Man war erfahren und gewitzt
und wußte, daß gekonnt geschnitzt,
Wacholder-Spielzeugsachen
auch Großen Freude machen.

Die ostpreußische Kreisstadt Heiligenbeil liegt im Regierungsbezirk Königsberg i. Pr. an der Jarft, drei Kilometer südlich vom Frischen Haff entfernt. Der Ort ging aus einer alten Prußenfestung hervor, die von den Grafen Günter und Dietrich von Regenstein, die aus dem Harz kamen, erobert wurde.

In Heiligenbeil gab es eine Landwirtschaftsschule, Fabriken für landwirtschaftliche Geräte und Obst- und Beerenkeltereien.

Bekannt aber wurde der Ort durch seine Drechselarbeiten aus Wacholderholz. Der Wacholder hieß bei den Prußen kadegis. Deshalb wurde er in Ostpreußen auch Kaddig genannt, und zwar mit unterschiedlichen Schreibweisen, hinten mit ck, k oder g geschrieben.

Bischof Anselm soll in Bonifaziusmanier die Heilige Eiche von Heiligenbeil gefällt haben.

Heilsberger Keilchen

Das Omchen stand am Küchenherde
und kochte Beetenbartsch und Kohl,
sie buk und briet mit Lust und Liebe,
am Herd, da fühlte sie sich wohl.

Was konnte sie nicht alles zaubern
aus einem Endchen Räucherspeck,
allein der Duft im ganzen Hause,
vom Duft allein war man schon weg.

Da gab's die krossen Bratkartoffeln
mit Gurken, Kürbis, Speck und Ei,
da gab's den Schmand und zarten Spirkel
zu Beeten und Kartoffelbrei.

Da gab's die Keilchen, die berühmten,
aus Heilsberg, die mit Räucherspeck,
und wie gesagt, ein Duft im Hause,
vom Duft allein war man schon weg.

Heilsberg, an der Mündung der Simser in die Alle gelegen, war eine Kreisstadt im Regierungsbezirk Königsberg und gehörte zum Ermland. Von 1306 bis 1772 war die Stadt Sitz der ermländischen Bischöfe. Die Ordensburg und das Schloß sowie das mittelalterliche Stadtbild prägten den Ort, der bereits 1241 zur Stadt erhoben wurde.

Außer der Burg und dem Schloß waren die Heilsberger Keilchen über die Grenzen Ostpreußens hinaus bekannt. Der Bayer liebt seine Knödel und der Ostpreuße seine Keilchen. Knödel haben vorwiegend eine runde und Keilchen eine längliche Form. Es gibt u. a. Kartoffel-, Schmand-, Pflaumen- und Mohnkeilchen.

„Hailsberja Kailche", auch „Schuckekailche" genannt, unterscheiden sich von anderen Keilchenrezepten durch ihre Zusammensetzung.

Geriebene rohe Kartoffeln und geriebene gekochte Kartoffeln, Kartoffelmehl, Salz, Essig, Zwiebeln, Butter, Eier und Räucherspeck werden als Zutaten verwendet.

Insterburger Reiterschnaps

Kaffeebohnen, frisch geröstet,
und ein Zuckerstück
führen nach dem längsten Ritte
kurz zum Reiterglück.

Man zerkaut die Kaffeebohnen
und den Zucker auch,
das erfrischt die Lebensgeister,
Herz und Hirn und Bauch.

Einen „Kornus“ muß man kippen
wegen des Geschmacks,
drei mal drei für einen Reiter
sind doch nur ein Klacks.

Insterburger Reiterschnäpse
mag ein Kavalier,
Würfelzucker, Kaffeebohnen,
Schnaps als Elixier.

Insterburg war eine Kreisstadt im Regierungsbezirk Gumbinnen. Sie liegt an der Vereinigung der Inster mit der Angerapp zum Pregel, dem Hauptfluß Ostpreußens, der durch Königsberg i. Pr. fließt und im Frischen Haff mündet.
Insterburg hatte Getreidemühlen, Maschinenfabriken, Behörden für Pferdezucht und einen berühmten Turnierplatz, auf dem Reiterspiele stattfanden. Drei Kilometer nördlich von Insterburg lag das staatliche Gestüt Georgenburg, das Hengste nach Trakehnen lieferte.
Der Reiter heißt im Französischen Chevalier = Kavalier, die berittene Truppe eines Heeres dementsprechend Kavallerie. Zur leichten Kavallerie gehörten Dragoner und Husaren, zur schweren Kavallerie Kürassiere und Ulanen. In der Garnison von Insterburg wurden früher Ulanen ausgebildet.

Johannisburger „Gelböhrchen"

Pfifferlinge kauft' ich in der Dose,
und sie kosteten fünf Deutsche Mark;
es war nur ein Zwerg von einer Dose,
doch der Preis dafür war bärenstark.

Einen Pilz, ganz sicher war's ein großer,
hatte man maschinenfein zerhackt
und mit Hebeldruck auf einen Deckel
in der kleinen Dose fest verpackt.

Schön und gut, ich briet vom Räucherspecke,
Petersilie nahm ich, grob und fein;
doch der Dosenpilz war mehr als fade,
selbst bei einem guten Glase Wein.

Omchen holte Pilze aus dem Walde,
und die schmeckten mit und ohne Schmand,
würzig waren all die Pfifferlinge
aus Johannisburg im Heideland.

Johannisburg an der Galinde (Pissek) ist eine Kreisstadt im Regierungsbezirk Allenstein, die südlich vom Spirdingsee liegt und landschaftlich zu Masuren gehört. Ihren Namen erhielt sie wie die Johannisburger Heide, die ein Drittel des Kreises Johannisburg einnimmt und in die Kreise Sensburg und Ortelsburg hineinragt, von Johannes dem Täufer. 1819 wurde Johannisburg Kreisstadt, vorher gehörte der Ort zum Kreis Oletzko (Marggrabowa / Treuburg).

In der Johannisburger Heide gab es viele Pfifferlinge, in Masuren auch „Gelböhrchen“ genannt. Der Pfifferling (Cantharellus cibarius), den man auch als Pfefferling, Gelbling, Eierschwamm und Dotterpilz kennt, ist ein beliebter Speisepilz. Er trägt anfangs einen gelben Hut, der sich später ausbreitet und in der Mitte vertieft.

Der echte Pfifferling hat einen zarten Pfirsichgeruch und schmeckt würzig. Pfifferlinge findet man von Juni bis November in Wäldern und auf der Heide.

Königsberger Blutgericht

Ein Lokal, ein weltberühmtes,
ist bekannt als Blutgericht,
dieser Name war bedrohlich,
Wein und Gäste waren's nicht.

Leicht und locker beim Plachandern
prüfte man von Glas zu Glas
ganz gemütlich jene Frage:
Liegt in vino veritas?

Gutgefüllte Bacchus-Fässer
schauten stolz und würdig drein,
trugen in der reichen Tiefe
Bestes nur vom besten Wein.

Von der Decke hingen Koggen,
Bernsteinkoggen, eichenschwer:
Leider gibt's den Wein, die Räume
und die Gäste heut' nicht mehr.

Die Räume des Blutgerichts, die man über den Hof des Königsberger Schlosses erreichen konnte, waren im Mittelalter zunächst die Residenz eines Hochmeisters des Deutschen Ordens.

Im siebzehnten Jahrhundert zog dort das Hof- und Halsgericht ein. Dementsprechend wurden auch einige Räume als Pein- und Marterkammern verwendet. Im Jahre 1732 eröffnete ein um seines Glaubens willen vertriebener Salzburger im Königsberger Blutgericht eine Weinhandlung.

Das Militär- und Zivilkabinett, die Peinkammern und der Remter (Speise- und Versammlungsraum) verwandelten sich in originelle Weinstuben. In der Halle des Halsgerichts wurden fünf große Weinfässer gelagert. Von der Decke hingen Koggen herab. In der Marterkammer lagerten ebenfalls fünf Riesenfässer, über denen Weingott Bacchus thronte.

Den Namen Blutgericht erhielt die Weinhandlung mit ihren Weinstuben erst im Jahre 1827.

Königsberger Evabrunnen

Ein Marjellchen ziert den Brunnen,
der sich keck vorm Rathaus reckt,
die Marjell hält in der Rechten
einen Apfel, halb versteckt.

Alle, die vorübergehen,
schaut sie unbekümmert an,
und sie tut's mit Evalächeln,
wie nur Eva lächeln kann.

Krauste sich im Mädchennacken
nicht ein klitzekleiner Zopf,
wär' sie völlig barft gewesen,
barfuß bis hinauf zum Kopf.

Deshalb darf sie nicht mal niesen,
auch nicht sprechen, keinen Ton,
stieg sie gar vom Quell herunter,
wär's die größte Sensation.

Im Jahre 1906 wurde in Königsberg i. Pr. am Pferdemarkt ein Brunnen errichtet. Der Hof-Fotograf Emil Gottheil hatte ihn gestiftet.
Die Brunnenfigur war ein kleines Mädchen, ein Kind, das in der rechten Hand einen Apfel hielt, den es halb versteckte. Kaum war die Figur aufgestellt, so hieß der Brunnen im Volksmund ‚Evabrunnen'.
Der Bildhauer war Stanislaus Cauer, der von 1867 bis 1943 lebte. Seine Tochter Clara, ein bezauberndes kleines Mädchen, stand ihm für das Kinderfigürchen Modell. Stanislaus Cauer war Akademieprofessor in Königsberg i. Pr. Nach dem 1. Weltkrieg brachte man die Figur vom Pferdemarkt zum Rathaus der Altstadt. Dort stellte man sie auf den Sockel des Rathausbrunnens. Alle Vorübergehenden hatten ihre helle Freude am Evabrunnen von Königsberg i. Pr.

Königsberger Klopse

Rinderhack und Schweinehack,
halb und halb, ein gutes Pfund,
Butter, Pfeffer, Ei und Salz,
tun den Gang der Klopse kund.

Eingeweicht und ausgedrückt,
schwups, zwei Brötchen noch hinein,
kräftig alles durchgemengt,
locker soll die Masse sein.

Kugeln formt man, zehn bis zwölf,
Kloß um Kloß versenkt man dann
in erhitzter Knochenbrüh',
wo ein jeder garen kann.

Zehn Minuten, höchstens zwölf,
dann muß Klops um Klops heraus,
und was macht man mit dem Sud?
Da wird eine Soße draus.

Denn die Brühe bindet man
mit Gewürzen, Mehl und Schmand:
Königsberger Klopse sind
auf der ganzen Welt bekannt.

So vielfältig wie die Mundarten in der Provinz Ostpreußen, so zahlreich sind auch die Rezepte für Königsberger Klopse. Aber sicher ist, daß man zu Königsberger Klopsen am besten mehlige Kartoffeln, Gewürzgurken und Rote Bete reicht.
Die Soße kann man noch mit Zucker und Kapern, mit Sardellen oder einem Glas Weißwein abschmecken.
Die Klopse können durch in Butter gedünstete Zwiebeln verfeinert werden. Gewürzkörner, Lorbeerblätter, Brühwürfel, Zitronensaft, Mostrich (Senf) oder Essig geben den Königsberger Klopsen eine besondere Note.
Fest steht, daß Königsberger Klopse nicht mehr von der internationalen Speisekarte wegzudenken sind.

Königsberger Marzipan

Marzipan aus Königsberg
aß ein Mann als Junge gern;
denn er liebte Marzipan,
Herz an Herz und Stern bei Stern.

Auf dem Weihnachtsteller lag,
manchmal offen, mal versteckt,
zwischen Äpfeln, rund und rot,
Marzipan und Teekonfekt.

In der Fremde aß er gern
Königsberger Marzipan;
denn er war der Jugendzeit
und der Heimat zugetan.

Wenn er heute Marzipan
kauft, verschenkt und selber ißt,
sieht er plötzlich Königsberg,
das er liebt und nie vergißt.

Im Jahre 1804 eröffnete Henry Schwermer am Schloßteich zu Königsberg i. Pr. ein Café und eine Confiserie. Er begann nach streng gehüteten Rezepturen mit der Herstellung von Marzipan.
Die Wiege des Marzipans stand auf Zypern und in Griechenland. Im Mittelalter gelangte Marzipan in die Republik Venedig und über die Bernsteinstraßen bis nach Ostpreußen. Seinen Namen, der oder das Marzipan, verdankt die Masse aus Mandeln, Zucker und Rosenwasser den Verpackungen aus Zypern, die marzapane heißen. Das Wort marzapane ist abgeleitet von dem arabischen Wort mantaban, was Schachtel bedeutet. Manchmal wird das Wort Marzipan auf panis Marci, Brot des Markus, zurückgeführt, der Schutzheiliger von Venedig ist.
Als Albrecht, der letzte Hochmeister des Deutschen Ordens und erste Herzog in Preußen, heiratete, wurde auf der Hochzeit Marzipan gereicht.
Die traditionelle Herstellung des Königsberger Marzipans wird von den Nachkommen des Henry Schwermer in Bad Wörishofen fortgesetzt.

Königsberger Neujahrswurst

Die längste und knackigste Wurst der Welt,
die wurde in Königsberg hergestellt,
man trug sie begeistert, trotz Müh' und Plag',
durch Straßen und Gassen am Neujahrstag.

Sie wog viele Zentner und manches Pfund,
das Leben und Treiben war festlich bunt,
fast einhundert Männer, die trugen sie,
und keiner der Männer ging in die Knie.

Sie wurde getragen bei Trommelklang,
mit Fahnen und Flöten und Festgesang,
so ging es zum Schlosse und zum Gericht
und später zum Marktplatz von Löbenicht.

Dort wurde die Fleischwurst mit Bier verspeist,
noch heut' die Geschichte die Spender preist,
es wurde gefeiert mit frohem Sinn,
o Königsberg, sag' mir, wo gingst du hin?

Es ist überliefert, daß im Jahre 1601 von drei Meistern und siebenundachtzig Gesellen eine Riesenwurst in Königsberg i. Pr. hergestellt wurde.
Am Neujahrstag trugen 103 Gesellen die Wurst in einem festlichen Umzug auf ihren Schultern durch die Stadt. Die längste Wurst der Welt wog 885 Pfund und war 1005 Ellen, ungefähr 85 Meter, lang. Für die Wurst wurden rund zwanzig Pfund Pfeffer verwendet. Ein derartiger Umzug mit einer Riesenwurst am 1. Januar eines Jahres fand in Königsberg i. Pr. mehrmals statt.
Einen Teil der Wurst bekamen die Schloßbewohner, die drei Bürgermeister, die drei Schöppenmeister und die drei Stadtpfarrer. Mit dem größten Teil der Wurst wurde auf dem Marktplatz in Königsberg-Löbenicht ein Volksfest veranstaltet. Zur Wurst gab es Freibier vom Faß aus Löbenichter Brauereien.

Königsberger Weihnachtsmarkt

Er duftet nach gebrannten Mandeln,
nach Glühwein, Mohn und Marzipan,
nach Pfefferkuchen und Rosinen,
nach Leberwurst mit Majoran;
und alles hüllt die Weihnachtsluft
in märchenhaften Tannenduft.

Man hört die Musikanten blasen,
und ein Choral erklingt vom Schloß,
man sieht die Karussells, die bunten,
mit frohen Kindern, hoch zu Roß;
ob klein, ob groß, ob Frau, ob Mann:
Der Weihnachtsmarkt zieht alle an.

Er riecht nach Zimt und Zuckerwatte,
nach Honig und nach Haselnuß,
nach Bienenwachs und Winteräpfeln,
nach Punsch, den man probieren muß;
und alles hüllt die Weihnachtsluft
in sagenhaften Tannenduft.

Mindestens sechs Orte tragen den Namen Königsberg. Königsberg gibt es in Ostbrandenburg, an der Eger, in Hessen, in der Neumark, in Unterfranken und südlich von Stettin.

Aber es gibt nur ein Königsberg i. Pr. Deshalb ist die korrekte Bezeichnung der Hauptstadt Ostpreußens Königsberg i. Pr., es sei denn, aus dem umgebenden Text geht hervor, daß von Ostpreußen die Rede ist.

Daran ändert auch nichts die Tatsache, daß Königsberg i. Pr. heute Kaliningrad heißt. Kalinin war ein Freund Stalins, der Königsberg i. Pr. nie gesehen hat.

Deshalb wird vielleicht die geschichtsträchtige Stadt Königsberg i. Pr. eines Tages wieder ihren alten Namen führen, egal, wer in der Stadt lebt und wohnt.

Kurischer Kopskiekel

Omchen machte aus Johannisbeeren
früh im Sommer den Kopskiekelwein,
lud im späten Herbst zur Probe ein:
So ein Angebot, das soll man ehren.

In der Röhre briet ein Gänsebraten,
und es roch nach Wein und Majoran,
alle waren davon angetan:
Wein und Gans gehör'n zu guten Taten.

Welch ein Duft und welch ein Glanz im Glase,
rein und rot, so rot wie ein Rubin,
schon beim ersten Schluck, wie's allen schien,
glühten Wangen, Zunge, Mund und Nase.

Für die Großen gab's drei Glas vom Weine,
für die Kleinen nur ein halbes Glas,
diesen Wein, den trinkt man nur nach Maß,
sonst verwechselt man am End' die Beine.

Das Kurische Haff mit der Kurischen Nehrung war der größte deutsche Strandsee, 90 Kilometer lang und 46 Kilometer breit. Das Haff war nur bei der Stadt Memel durch einen 500 Meter breiten Zugang zur Ostsee offen. Es wurde gespeist von der Ruß, Gilge, Deime, Minge und Dange. Die Besiedelung der Uferlandschaften erfolgte im 14. Jahrhundert von Kurland aus.
Fast in jedem Garten, und das nicht nur ums Kurische Haff, wurden Johannisbeeren angepflanzt, die auch Kopskiekel hießen, weil man aus ihnen Kopskiekelweine herstellen konnte, die es in sich hatten. Zwischen den ostpreußischen Ausdrücken Kopskiekel und Kopskegel besteht eine Form von Artverwandtschaft; denn ein Kopskegel ist ein ostpreußischer Purzelbaum. Nach Kopskiekelwein kann man besonders gut kopskegeln.
Obstwein wurde aus vielen Beeren und Obstsorten hergestellt, auch aus Stachelbeeren, die in manchen Gegenden Ostpreußens nach dem Heiligen Christophorus auch Christorbeeren / Kristorbeeren hießen.

Lasdehner Töpferwaren

Lasdehnen ist ein kleiner Ort
mit großer Tradition;
denn in der Erde, Schicht um Schicht,
liegt allerbester Ton:

Blumenschalen, Kuchenteller,
Gurkentöpfe für den Keller,
dicke Humpen, dünne Becher,
für den Trinker und den Zecher,
Krug und Kanne, Napf und Zwerg,
kamen aus dem Töpferwerk
von Lasdehnen/Haselberg.

Keramik aus Lasdehner Ton,
geformt, glasiert, gebrannt,
war eine Gabe der Natur
aus Gottes Schöpferhand:

Suppenschüsseln, Zuckerdosen,
Vasen, mit und ohne Rosen,
Kunstfiguren, Steinzeugbilder,
Terrakotten, Namensschilder,
Trog und Tasse, Topf und Zwerg,
kamen aus dem Töpferwerk
von Lasdehnen/Haselberg.

Haselberg/Lasdehnen liegt im Kreis Schloßberg/Pillkallen, Regierungsbezirk Gumbinnen, und zwar an den Ufern der Szeszuppe, nördlich von Pillkallen.
Rund um das Dorf, das 1939 über 2000 Einwohner hatte, gab es reiche Lehmvorkommen und Tonlager. So entstand eine Ziegelei.
1932 gründete die Tochter des Ziegeleibesitzers bei der Ziegelei eine Kunsttöpferei, eine Werkstatt für Keramikwaren. Die kunstgewerblichen Gegenstände, die Gefäße und das Geschirr aus Lasdehnen/Haselberg fanden große Beachtung.

Masurische Jägermilch

Drei Eßlöffel Zucker,
drei Gläser voll Schmand,
die quirlt man zusammen
mit lockerer Hand.

Drei Gläser vom Arrak,
dem Branntwein aus Reis,
die rührt man dazwischen
mit Sekt und mit Eis.

Masurenmilch mundet,
Masurenmilch schmeckt,
die Eiswürfel schwimmen
in Schmand und in Sekt.

Die Freude am Leben
macht fröhlich und frei:
Marjellchen, Marjellchen,
juchhee und juchhei.

Masuren hatte aufgrund seines Waldbestandes zahlreiche Förstereien. Allein die Johannisburger Heide in Masuren wurde bis 1945 von 16 Oberförstereien betreut. In einem dieser Forsthäuser Masurens soll die Masurische Jägermilch von einem verliebten Försterpaar erfunden worden sein.
Eines der berühmtesten Forsthäuser Masurens ist die Försterei Kleinort, östlich von Peitschendorf im Kreis Sensburg. In diesem Forsthaus wurde am 18. 5. 1887 der Dichter und Dramatiker Ernst Wiechert geboren, der das mit der Natur verbundene einfache Leben über alles liebte.
Für die Masurische Jägermilch benötigt man drei Eßlöffel Zucker und jeweils drei Sektgläser voll Schmand, Arrak, Eiswürfel und Sekt. Der Zucker und süßer Schmand (süße Sahne) werden zusammen steifgeschlagen. Der Arrak und Sekt sowie die Eiswürfel werden nach und nach im süßen Schmand eingerührt.

Memelländer Kissehl

Kissehl warm und Kissehl kalt
ist gesund für jung und alt,
Kissehl kalt und Kissehl warm
macht die Ärzte arm.

Kissehl schmeckt, „nich übertriewe“,
jederzeit „tom Huckebliewe“,
schmeckt zu Spirkel, Sirup, Mus,
und man fühlt sich wie to Hus.

Kissehl steif und Kissehl dick
weitet jeden Kinderblick,
Kissehl dick und Kissehl steif
macht den Brei erst reif.

Schmeckt in Villen und in Katen,
schmeckt mit „Zibbeln“ und zum Braten,
schmeckt am Anfang und zum Schluß:
Kissehl ist ein Hochgenuß!

Die Landschaft beiderseits der Memel und beiderseits des Rußstroms, dem Hauptarm der Memel, hieß Memelland.
Im 19. Jahrhundert schuf man den Stadt- und Landkreis Tilsit, der zum Regierungsbezirk Königsberg i. Pr. gehörte, und die Landkreise Elchniederung, Heydekrug, Pillkallen und Ragnit, die dem Regierungsbezirk Gumbinnen unterstellt waren.
Das Memelgebiet wurde durch den Versailler Vertrag geschaffen. Es umfaßte das Gebiet des deutschen Reiches, das nördlich der Memel, des Rußstroms und Skirwieths lag, einem Delta-Arm des Rußstroms.
Kissehl, das Wort kommt aus dem Litauischen, ist ein Haferbrei mit Milch, zuerst gesäuert und dann mehrmals gekocht. Kissehl wurde aus Haferschrot, Hafergrütze und Hafermehl hergestellt. Der Vorgang des Gärens dauerte allein schon 48 Stunden.

Memelwasser mit Grundeis

Ein Schnaps aus echtem Schrot und Korn,
der kam vom Memelland,
als Memelwasser war der Schnaps
am Memelstrom bekannt.

Ein Zuckerwürfel, weiß wie Schnee,
lag tief im Gläserrund,
er strahlte hell und blinkte klar
wie Grundeis auf dem Grund.

Das Memelwasser lief wie Öl,
bestreut mit Kaffeemehl,
ein Prosit gab's, ein Prösterchen,
für jede trock'ne Kehl'.

Ob Fischer oder Bauersmann:
Sie waren schnell zur Hand,
wenn's irgendwas zu feiern gab,
stromauf, stromab im Land.

Der Fluß Memel ist 880 Kilometer lang. Er entspringt im Sumpfgebiet südlich von Minsk, fließt durch Weißrußland, berührt Litauen und erreicht Ostpreußen bei Schmalleninken. In Rußland heißt er Njemen/Neman und in Litauen Nemunas.
Die Memel in Ostpreußen ist über 100 Kilometer lang. Beim Dorf Kallwen, das zwischen der Kurischen Nehrung und Tilsit liegt, gibt die Memel ihren Namen auf und bildet ein Delta mit zwei Hauptarmen; Ruß und Gilge. Der Rußstrom hatte bis zu dreizehn Nebenarme.
Die Memel fließt durch die Kreise Ragnit, Tilsit, Elchniederung und Heydekrug.

Mohrunger Schabbelbohnen

Grüne Bohnen, fadenlose,
schräg in kleine Stücke schnippeln
und mit Speck und Bohnenkräutern
kochen, eine halbe Stund'.

Zwischendurch Kartoffeln schälen
und in Scheibchen oder Stiften,
eine davon roh gerieben,
fertig gar'n im Bohnentopf.

Dicke Bauchspeckwürfel schneiden,
in die Bohnensuppe geben,
salzen, buttern, pfeffern, zuckern,
ganz nach Laune und Geschmack.

Eine Tasse saure Sahne,
von der Buttermilch noch eine,
runden köstlich das Aroma:
„Kommt ihr ‚Kingersch', zugelangt!"

Mohrungen war eine Kreisstadt im Regierungsbezirk Königsberg i. Pr. Sie liegt auf der Seenplatte des Oberlandes am Schertingsee. Die Stadt lebte von der Land- und Holzwirtschaft.
1848 erschien in Mohrungen zum ersten Mal der Kalender, der auch heute noch Geltung hat: „Der redliche Ostpreuße".
Mohrungen ist die Stadt Johann Gottfried Herders. Hier wurde er am 25. August 1744 geboren.
Schabbelbohnen mit Schmand waren beliebt wie Königsberger Fleck. Für einen deftigen Eintopf nahm man eineinhalb Pfund grüne Bohnen, ein halbes Pfund geräucherten durchwachsenen Speck (Bauchspeck), ein Pfund Kartoffeln, einen Eßlöffel Butter, eine Tasse Buttermilch, eine Tasse sauren Schmand (Sahne), Salz, Pfeffer, Zucker und möglichst frisches Bohnenkraut.
In manchen Regionen Ostpreußens wurden zu Schabbelbohnen mit Schmand auch Brühwürste gegessen, mit und ohne Knoblauch.
Schabbelbohnen nannte man auch Schnippelbohnen.

Moosbrucher Moorkartoffeln

Die Frage zu lösen
ist knifflig und schwer:
„Wo kam die Kartoffel,
die ‚Blaublanke' her?"
Man konnte sie kaufen
in Dresden und Wien,
in Hamburg und München,
in Bonn und Berlin:
Sie kam aus dem Großen Moosbruch.

Die Frage zu lösen
fällt gar nicht so schwer:
„Wo kamen die hübschen
Marjellchen denn her?"
Sie kamen aus Lauknen,
dem Forstgebiet Pfeil,
aus Tilsit und Ragnit
und Heiligenbeil:
Sie kamen vom Großen Moosbruch.

Das Große Moosbruch liegt im Kreis Labiau, südlich vom Kurischen Haff. Es ist mit seinen 125 Quadratkilometern das größte Hochmoor Ostpreußens. Es liegt 6 Meter über dem Wasserspiegel des Timber- und Laukneflusses.
Das Große Moosbruch wurde von Bauern aus den Dörfern Lauknen, Schenkendorf, Mauschern, Schöndorf und anderen Orten urbar gemacht. Sie bauten Zwiebeln und eine Kartoffelsorte an, die so berühmt war, daß die Schiffahrtsgesellschaften Hapag und Norddeutscher Lloyd sie für ihre Passagierschiffe aufkauften.
Wegen ihrer Schale wurde die Kartoffel Blaublanke genannt.

Neidenburger Nikolaschka

Man schneidet zwei Zitronen
in Scheiben ohne Schalen,
bestreut ihr Fleisch mit Kaffee,
natürlich feingemahlen.

Darüber streut man Zucker,
als käm' er aus dem Siebe,
das Saure und das Süße
sind Stimulanz der Liebe.

Man gießt in Weinbrandgläser,
die Brände, die gut taugen,
entzündet eine Kerze
und schaut sich in die Augen.

Zuerst schlürft man Zitrone
und dann die Edelbrände,
Erbarmung, welche Wonne:
Die Liebe nimmt kein Ende.

Neidenburg an der Neide in Masuren war eine Kreisstadt im Regierungsbezirk Allenstein. Stadtrechte erlangte sie 1381. Die Neidenburger Ordensburg stammte aus dem 13./14. Jahrhundert. Sie wurde von 1820–1830 restauriert.

1549 siedelte Herzog Albrecht Vertriebene und Flüchtlinge aus Böhmen und Mähren in der Stadt an, die im Zuge einer Gegenreformation vertrieben wurden und sich Böhmische Brüder nannten. Sie strebten nach Brüderlichkeit und bevorzugten ein arbeitsreiches Leben in echter heiterer Frömmigkeit.

1919 wurde aufgrund des Versailler Vertrages das Soldauer Gebiet, das im südlichen Teil des Kreises Neidenburg lag, von Ostpreußen abgetrennt. Das Gebiet um Soldau war 500 Quadratkilometer groß.

Das Nikolaschkarezept ist einfach. Man benötigt nur 2 Weinbrandgläser für ein verliebtes Paar, 1 Flasche Weinbrand, 2 Zitronen, 1 Täßchen Zucker und 1 Fingerhut voll Kaffeebohnen, feingemahlen.

Nemmersdorfer Magenbitter

Eine gute Medizin
ist Likör aus Nemmersdorf.
Magenbitter geht ins Blut,
tut dem Darm und Magen gut.

Nelken, Zimt und Kardamom,
Blutrhabarber und Muskat
sind, mit Alkohol, exakt
Heilgewürz und Grundextrakt.

Weingeist, Wasser, Zuckerguß,
braucht man für die Flüssigkeit,
eine Woche Ruhekur
schafft ein Wunder der Natur.

Nemmersdorfer Würzlikör
war ein Lebenselixier,
hochgerühmt und wohlbekannt
weit und breit im ganzen Land.

Nemmersdorf ist ein Ort im Landkreis und Regierungsbezirk Gumbinnen. Das Dorf liegt im Dreieck Insterburg, Gumbinnen und Angerapp an der Angerapp, die aus dem Mauersee kommt und in den Pregel fließt.
Das Rezept wird bereits um 1900 in Doennigs Kochbuch erwähnt.
Für den Extrakt benötigt man 6 Gramm Muskatblüte, 6 Gramm Nelken, 5 Gramm Zimt, 9 Kapseln Kardamom, 2 Gramm Rhabarber, $^{1}/_{4}$ Liter Weingeist, 96-prozentig.
Zum Likör braucht man $^{1}/_{2}$ Liter Wasser, 250 Gramm Zucker und $^{1}/_{2}$ Liter Weingeist, ebenfalls 96-prozentig.
Die Gewürze füllt man feingemahlen in eine Flasche und gießt die angegebene Menge Weingeist drauf. Die Flasche stellt man gut verschlossen an einen stubenwarmen Ort, läßt sie knapp eine Woche stehen und schüttelt sie ab und zu kräftig durch. Dann filtert man den Extrakt in eine andere Flasche.
Nun kocht man den halben Liter Wasser mit dem halben Pfund Zucker langsam auf und gibt das Zuckerwasser, nachdem es etwas abgekühlt ist, mit dem halben Liter Weingeist in die Essenz. Abschließend wird alles noch einmal sorgfältig durchgefiltert.

Nikolaikener Maräne

Ein schöner Ort ist Nikolaiken,
von Hof zu Hof, von Haus zu Haus,
er liegt am Talter Seegewässer
und schaut wie Klein-Venedig aus.

Der Stinthengst an der Dampferbrücke
war Nikolaikens Stammsymbol,
die Fischer nahmen ihn als Zeichen
und fühlten sich beim Fischen wohl.

Er war der Herrscher aller Fische,
auch der Maräne, schnell und flink,
die man in enggeknüpften Netzen
in allen Seen Masurens fing.

Es gab ein Fest für die Maräne
in Nikolaiken, Jahr für Jahr,
weil dieser Fisch für jeden Fischer
der Segen seines Lebens war.

Nikolaiken, das aus den beiden Fischerdörfern Koslau und Niklasdorf hervorging, liegt im Kreis Sensburg, Regierungsbezirk Allenstein. Landschaftlich gehört Nikolaiken zu Masuren.
Man nannte die Stadt, die am eigenen See und am Talter Gewässer liegt, Ostpreußisches Venedig oder Klein-Venedig. Unter einer Holzbrücke soll der Stinthengst gehaust haben, von dem viele Sagen berichten. Unter der Dampferbrücke hat man dem Stinthengst ein Denkmal gesetzt.
Er war nicht nur der Herrscher über alle Stinte, sondern auch über alle anderen Fische, einschließlich der Maräne, die jeden Tag goldgelb geräuchert in Spankörben ins Reich geschickt wurde. Die Maräne, auch Ränke, Kilch, Schnäpel oder Felchen genannt, ist ein lachsartiger Fisch. Nikolaiken mit seiner Räucherei für Maränen war der Hauptort für den Maränenfang in Masuren. Jährlich gab es in Nikolaiken eine Feier, ein Fest: den Tag der Maräne.

Oberländischer Kanal

Durchs Oberland fließt ein Kanal,
die Schiffe trotzen jedem Hügel,
sie rollen über Bug und Berg
als hätten Schienen Engelsflügel.

Mal führt der Weg durch Blätterwald,
umrahmt von Busch und Baum und Wiese,
mal zeigt die Fahrt von See zu See
die Welt der Wasserparadiese.

Und ab und zu ein Laubenhaus,
wer zählt die Dörfer, zählt die Städte?
Einst plante diesen Landkanal
der klügste aller Wasserräte.

Das Volk, das den Kanal erschuf,
das mußte geh'n aus seinem Lande;
doch der Kanal und die Natur,
die knüpfen traute Heimatbande.

Der Oberländische Kanal, der Deutsch-Eylau und Osterode mit Elbing verbindet, führt durchs Oberland, das auch als Hockerland bekannt ist. Das Oberland ist ein Teil des preußischen Landrückens links von der Passarge. Früher lagen hier die alten Prußengaue Pogesanien und Pomesanien.

Geplant wurde der Kanal von Oberbaurat Lentzen. Die Gesamtleitung des Bauvorhabens hatte der Baurat Jacob Steenke. Es mußten Höhenunterschiede von 104 Metern überwunden werden. Das gelang mittels der „geneigten Ebene". Die Wasserfahrzeuge werden in eisernen Schienenwagen über fünf Hügel gehievt.

Der Kanal wurde nach einer 14-jährigen Bauzeit 1860 dem Verkehr übergeben. Für Touristen ist der Kanal, der über zehn Seen miteinander verbindet, auch heute noch eine Attraktion.

Olschiener Mohnkuchen

Kennst du sie, die einfach tollen
Mohn- und Hefekuchenrollen
mit den Zuckergußglasuren
aus dem Zauberland Masuren?

Waren sie erst angeschnitten,
brauchte man nicht lang' zu bitten,
jeder, der sie prüfend schmeckte,
alle Finger danach leckte.

Feingehackte Mandelsplitter,
viele süß und manche bitter,
Rosenwasser und Rosinen
war'n im Kuchen von Olschienen.

Alle Kinder in der Runde
liebten sie, die Kaffeestunde,
waren hin- und hergerissen:
Herrlich schmeckte jeder Bissen.

Ebendorf/Olschienen ist ein malerischer Ort in Masuren, Kreis Ortelsburg, Regierungsbezirk Allenstein. 1939 hatte das Straßendorf 861 Einwohner. Es liegt in der Nähe vom Waldpuschsee und Waldpuschfluß, 8 Kilometer von Ortelsburg entfernt.
Natürlich wurde spezieller Mohnkuchen nicht nur in Ebendorf/Olschienen gebacken, sondern überall in Ost- und Westpreußen, Ober- und Niederschlesien. An Feiertagen fehlte er nie.

Ostpreußische Gastfreundschaft

Ein Trunk im Haus war stets zur Hand,
ob heißer Kaffee auf dem Herd,
ob kalter Tee zur Sommerzeit,
für Gäste stand ein Trunk bereit.

Natürlich auch ein Schlubberchen,
Pillkaller oder Pomeranz,
Krambambuli, Trakehnerblut,
ein Schlubberchen tat immer gut.

Die Arbeit stand im Mittelpunkt;
doch gab's ein Fest, dann lud man ein
von Dorf zu Dorf, von Haus zu Haus,
so war's landein, so war's landaus.

Plachandert wurde, das war klar,
bei Kaffee, Tee und Bärenfang,
die Gastfreundschaft vergaß man nie,
im Gegenteil, man pflegte sie.

Im Schutze des Deutschen Ordens kamen deutsche Siedler ins Bernsteinland. Sie bauten Dome, Kirchen und Kapellen, Burgen, Städte und Dörfer. Sie machten die „Große Wildnis" urbar, kultivierten den Grund und Boden und prägten das Bild der Landschaft.
Aus dem Land ging die Provinz Ostpreußen hervor, die zu einer Kornkammer des Deutschen Reiches wurde.
Die Menschen im Land, Siedler aus allen deutschen Gauen: Schwaben, Hessen, Franken, Westfalen, Anhalt, der Pfalz, Niedersachsen, Pommern, Schlesien, vom Rheinland, aus dem Harz usw., vermischten sich mit den alteingesessenen Prußen, Polen und Litauern.
Aus Frankreich kamen die Hugenotten, aus der Schweiz die Calvinisten, aus Böhmen die Hussiten, aus Salzburg die Exilanten, aus Rußland die Philipponen und aus Friesland und Holland die Mennoniten. Auch Schotten, Engländer, Dänen, Schweden und andere siedelten sich an und wuchsen im Laufe der Jahrhunderte mit den westbaltischen Prußen zum Stamm der Ostpreußen zusammen.

Ostpreußische Kolonialwaren

Kennst du Mareiken, den Laden im Dorf?
Dort gab es alles, vom Tee bis zum Torf,
Sirup und Kandis, Lakritze und Kraut,
Nadel und Faden und Schuh' für die Braut.

Tusche und Takel, vom Sack bis zum Seil,
Hasenfellwuschen, den Spaten, das Beil,
Kaffee vom besten und selber gebrannt,
Tilsiter Käse, Meschkinnes und Schmand.

Er roch nach Seife, nach Senf und nach Salz,
fremden Gewürzen und köstlichem Schmalz,
nach Marmelade, Rosinen und Raps,
Wildblütenhonig und eisblankem Schnaps.

Mittendrin wirkte die schönste Marjell,
Augen wie Sterne, mal dunkel, mal hell,
fern liegt der Laden, das Glück und die Zeit:
„Bernstein-Marjellchen, die Heimat ist weit."

Ostpreußen wurde nach dem Verlust Westpreußens zu einer Landinsel. Die Landgrenze betrug 900 Kilometer und die Küstenlänge an der Ostsee 220 Kilometer.
Die Küste hatte eine eigenwillige Form. Sie war geprägt von zwei Nehrungen, der Frischen Nehrung und der Kurischen Nehrung. Dahinter lagen die beiden Haffe, das Frische Haff und das Kurische Haff, beide größer als der Bodensee. Zwischen den beiden Haffen sprang die Steilküste des Samlands hervor, und dort befand sich das einzige Bernsteinwerk der Erde mit riesigen Bernsteinvorkommen, die auch heute noch wirtschaftlich genutzt werden.
Ansonsten war Ostpreußen überwiegend ein Agrarland, eine Kornkammer des deutschen Reiches, mit beträchtlichen Überschüssen an landwirtschaftlichen Produkten, Vieh, Wild und Fischen. Die Hauptstadt war Königsberg i. Pr., und die drei ostpreußischen Regierungsbezirke waren Königsberg i. Pr., Gumbinnen und Allenstein. Von Westpreußen kam Marienwerder hinzu.
Jedes Dorf und jede Stadt hatte Kolonialwaren-Läden, in denen man alles bekam, was zum täglichen Leben und zur Arbeit notwendig war.

Ostpreußischer Bärenfang

Man trinkt ihn abgelagert
wie Cognac oder Sekt;
doch schmeckt er frisch genauso gut,
o Mannche, wie der schmeckt.

Man läßt Vanilleschoten
mit Nelken und mit Zimt
in heißem Wasser langsam zieh'n,
bis daß die Mischung stimmt.

Mit reinem Sprit und Honig
gießt man den Sud sodann
in Flaschen, nicht ganz vollgefüllt,
damit man schütteln kann.

So richtig durchgeschüttelt
verwahrt man ihn sofort;
doch wer nicht lange warten kann
probiert ihn gleich am Ort.

Ostpreußen war früher ein Land der Bären und Bienen. Die Vorliebe des Bären für Bienenhonig übertrug sich auf den Menschen. So entstand der Bärenfang, den die Masuren Meschkinnes nennen.
Schon die Römer erwähnten dreihundert Jahre vor unserer Zeitrechnung das Nationalgetränk des Altpreußenlandes, den Honigwein der Prußen. Er ist das älteste alkoholische Getränk und wurde Met genannt.
Der Bärenfang kennt viele Variationsmöglichkeiten und Geheimrezepte durch besondere Gewürzmischungen und Alkoholgrundlagen. 100 Liter fertiger Likör soll mindestens 25 Kilogramm Bienenhonig aufweisen. Der Alkoholgehalt soll nicht unter 35 Prozent liegen.
Echter Bärenfang besteht je zur Hälfte aus Bienenhonig und aus Weinsprit, die man zusammenrührt. Anstatt des Moselweins kann man auch eine Tasse Wasser nehmen, in der eine halbe Vanilleschote, eine Nelke und ein Stückchen Stangenzimt aufgekocht wurden.

Ostpreußische Skudden

Die Skudde, Kosse auch genannt,
war schon zur Ordenszeit bekannt,
vital, robust und standortbrav
als Bauern- und Masurenschaf.

Sie trotzte kühn des Wetters Macht
zu jeder Zeit, bei Tag und Nacht,
sie blieb, vereint mit der Natur,
auch wintertags auf Feld und Flur.

In schwerer Zeit, die Not war groß,
blieb sie im Wesen anspruchslos,
sie wärmte Mütter, Greis und Kind
beim Flüchtlingstreck durch Eis und Wind.

Die Preußenskudde stirbt nicht aus,
im Bernsteinland war sie zu Haus,
ins Bernsteinland kehrt sie zurück
dank Züchterfleiß und Züchterglück.

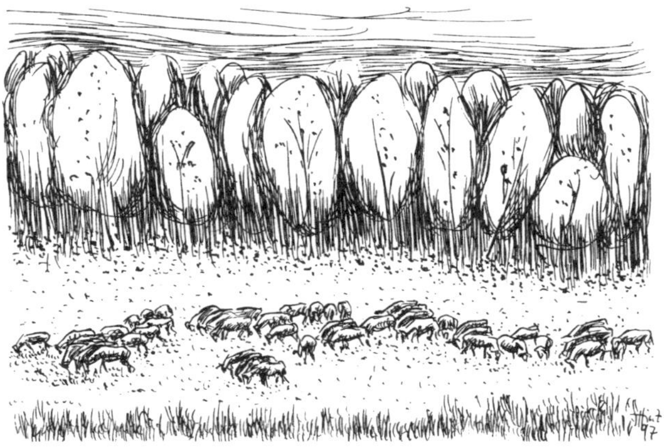

Schon zur Ordenszeit gab es in Ostpreußen die Skudde. Sie gehört wie die Heidschnucke der Lüneburger Heide zur Rasse der kurzschwänzigen nordischen Heideschafe. In Ostpreußen wurde sie auch Masurenschaf, Bauernschaf oder Kosse genannt. Sie ist die kleinste deutsche Schafrasse, zäh und anspruchslos. Man kann sie im Sommer und Winter im Freien lassen. Bei Unwetter genügt ihr ein trockener, windgeschützter Fleck Erde.

Das männliche Schaf heißt Bock, Widder oder Stär, kastriert nennt man es Hammel, Kappe oder Schöps. Das weibliche Schaf heißt Mutterschaf oder Zibbe, auch Zippe geschrieben.

Wie anspruchslos Skudden sind, haben sie auf den Flüchtlingstrecks bewiesen. Durch Züchtung wurde ihre Rasse in Westdeutschland erhalten. Ein Züchterverband sorgt dafür, daß Skudden in ihr Ursprungsland zurückkehren können, weil im ostpreußischen Raum Skudden kaum noch vorhanden sind und züchterisch nicht oder kaum betreut wurden.

Skudden werden bis zu sechzig Zentimeter groß. Die Böcke erreichen ein Gewicht bis zu 50 Kilogramm, die Mutterschafe werden bis zu 40 Kilogramm schwer.

Palmnickener Bernstein

Abertausend Jahre ist es nun schon her,
und die Steinzeitkiefer gibt es längst nicht mehr,
knorrig stand sie, trutzig, auf der Klippe Rand,
schaute übers Wasser, sah hinein ins Land.

Kalt war jeder Winter und des Winters Nacht;
doch dann kam der Sommer und des Sommers Pracht,
in der Sonnenhitze und im Sturmgebraus
schwitzen alle Kiefern ihre Seele aus.

Harz war ihre Seele, tropfte rein und rund,
sonnendurchglüht im Safte, auf des Meeres Grund,
mancher Tropfen hüllte eine Mücke ein,
wurde im Gewässer ein besond'rer Stein.

Arme kleine Mücke? Wer das glaubt, der irrt,
weil die Bernsteinmücke oft bewundert wird,
ja, man könnte meinen, sie war klug und schlau;
denn sie hängt am Halse einer schönen Frau.

Palmnicken liegt an der Bernsteinküste im Kreis Samland, Regierungsbezirk Königsberg i. Pr.
In der Blauen Erde von Palmnicken und dem benachbarten Kraxtepellen wurden große Bernsteinlager gefunden. Zur Förderung des Bernsteins im Tagebau legte man im Jahre 1875 eine Grube bei Palmnicken und im Jahre 1913 eine Grube bei Kraxtepellen an.
Bernstein ist ein fossiles (versteinertes) Harz ausgestorbener Bernsteinkiefern, etwa 35 bis 55 Millionen Jahre alt. Die Einschlüsse von Pflanzenteilen und Tieren nennt man Inklusen.
Am Bernsteingold der Samlandküste erfreuten sich fast alle Völker bis nach China und Persien. Zur Blütezeit Roms war eine Bernsteinfigur sogar mehr wert als ein Menschenleben. Im Mittelalter trugen viele Rosenkränze Bernsteinperlen, und auch eine der Lieblingsflöten Friedrich des Großen war aus Bernstein.
Das legendäre Bernsteinzimmer, das leider verschollen ist, gilt als ein Meisterwerk der Bernsteinkunst.

Pillauer Ilskefalle

In Pillau in der Ilskefalle
da wurden Korn und Köm nicht alle,
da trank man Weinbrand auch im Tee
und echten Rum aus Übersee.

Der Speicher in der Ilskefalle
war groß wie eine Messehalle,
man kaufte alles, Seil und Sack,
den Zwirn, das Garn und Kautabak.

Im Marktgewühl der Ilskefalle
erwarben Heiner, Fritz und Kalle,
was man so braucht nach Seemannsart
im Hafen und auf großer Fahrt.

In Pillau in der Ilskefalle
ging jeder Seemann gern zum Balle,
die Gretel tanzte mit dem Hans
und butschte ihn beim Walzertanz.

Pillau auf der Frischen Nehrung ist ein Vorhafen von Königsberg i. Pr. Die Seestadt liegt am Ausgang des Frischen Haffes in der Ostsee und gehört zum Kreis Samland.
Der Name des Ortes ging aus einer Burg hervor, die im Prußischen „pils" heißt.
Das Pillauer Tief verbindet die Danziger Bucht der Ostsee mit dem Frischen Haff und dem Königsberger Seekanal. Es entstand, wie das Memeler Tief (Verbindung der Ostsee mit dem Kurischen Haff) durch eine Sturmflut im 16. Jahrhundert. Das Pillauer Tief ist 550 Meter lang und 360 Meter breit.
Die Ilskefalle in Pillau, Ilske ist der Iltis, war ein weltbekanntes Gebäude. In der Ilskefalle gab es unter einem Dach einen Kolonialwarenladen, ein Eßlokal, eine Hafenkneipe, einen Tanzsaal und einen Speicher für die christliche Seefahrt.

Pillkaller Leberwurst

Eine Scheibe Leberwurst,
Mostrich nach Bedarf,
legt man auf ein Glas voll Schnaps
und dann wird man scharf.

Denn man sieht die Leberwurst
und man riecht den Rauch,
und man schmeckt den Majoran
und den Pfeffer auch.

Der Machandel glänzt im Glas,
ist aus Kraft und Korn,
schon beim dritten hat man, prost,
weit die Nase vorn.

Nach dem fünften ist die Welt
nicht mehr mau und mies,
alles sieht so festlich aus
wie im Paradies.

Doch beim zwölften sehnt man sich
nach dem Bettgestell,
und man fragt die eig'ne Frau:
„Woher kommst, Marjell?"

Pillkallen war eine Kreisstadt mit wechselhafter Geschichte im Regierungsbezirk Gumbinnen.
Nach der Gründungszeit um 1550 kamen aus dem Fürstentum Nassau an der unteren Lahn Nassauer ins Land. Sie nannten den Ort Schloßberg. Nach der Einwanderung von Litauern wurde der Name des Ortes in Pillkallen übersetzt; denn Schloßberg heißt auf litauisch Pillkallen. Ab 1938 wurde die Kreisstadt wieder in Schloßberg umbenannt. Heute heißt der Ort weder Pillkallen noch Schloßberg, sondern Dobrowolsk.
Aber der Pillkaller als Getränk ist geblieben. Außer dem Pillkaller mit der Leberwurst gibt es noch die Pillkaller Spätlese, ein Weinbrand mit einer Scheibe Salami oder Cervelatwurst, und die Pillkaller Stutenmilch. Letztere besteht aus heißem Arrak, Zuckerwürfeln und frischem Schmand (süßer Sahne). Pillkaller Stutenmilch trinkt man aus Sektgläsern.

Rominter Wildpastete

Jedem sei's schon mal verraten,
wichtig ist der Rehfleischbraten
in Madeira, gut gepflegt,
kleingewürfelt eingelegt.

Durch den Fleischwolf, ungesotten,
dreht man Trüffeln und Schalotten,
Schweinefleisch, dazu ein Eck
vom durchwachs'nen Räucherspeck.

Butter, Thymian und Pfeffer
würzen den Pastetentreffer,
alles wird im Formenrund
sanft gegart für eine Stund'.

Die Pastete schmeckt auch Stoffeln,
schmeckt zu Brot und Salzkartoffeln,
und, das ist ein guter Klang,
auch zu Wein und Bärenfang.

Rominten an der Rominte in der Rominter Heide, Kreis Goldap, Regierungsbezirk Gumbinnen, war Mittelpunkt eines berühmten Jagdreviers. In der Rominter Heide, einem 210 Quadratkilometer großen Forst mit kapitalen Hirschen, hatte schon der Große Kurfürst 1683 „die hohen und besten Jagden“, wie er sagte.
Kaiser Wilhelm II. ließ hier 1891 sein Jagdhaus erbauen und lud Kaiser und Könige zur Jagd ein.
Für die Rominter Wildpastete kann man natürlich auch Champignons anstatt Trüffel nehmen. Wichtig ist, daß man die Pastetenform gut einfettet, mit Paniermehl ausstreut, die gemischten Zutaten fest eindrückt und mit Speckstreifen bedeckt.
Die Form wird dann eine gute Stunde im Wasserbad erhitzt. Anschließend gießt man das Fett ab, stürzt die Pastete auf eine Platte und schneidet sie in Streifen.

Rußer Milchpunsch

Milchpunsch hört sich harmlos an,
wartet's ab, o Mannche, Mann,
habt Geduld, drei Monat Zeit,
dann ist dieser Punsch bereit.

Einen Liter Arrak nimmt
man zum Punsch, der selig stimmt,
und dazu, Erbarmung drum,
eine halbe Flasche Rum.

Aber Milch ist auch dabei,
fast ein Liter, frank und frei,
Zucker auch, ein ganzes Pfund,
dadurch wird die Mischung rund.

Drei Zitronen würzen sie,
diesen Punsch vergißt man nie;
denn nach einem Vierteljahr
sieht man Sterne, das ist klar.

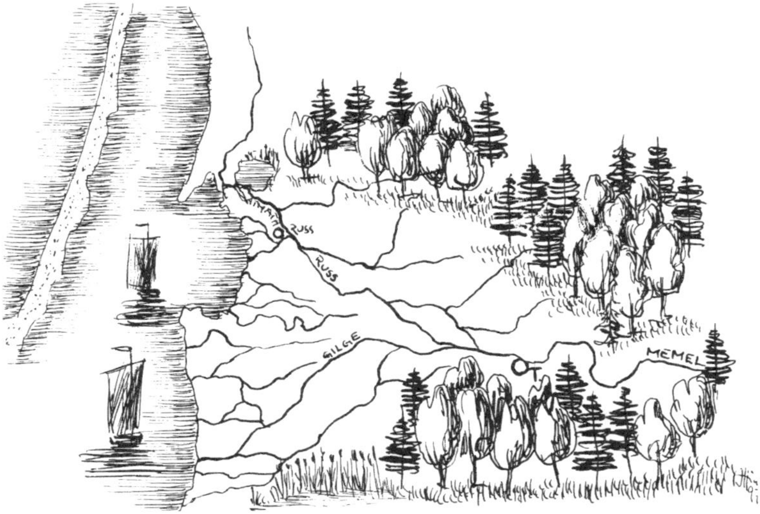

Die Stadt Ruß und der Fluß Ruß wurden durch den Rußer Milchpunsch, die Rußer Neunaugen und den Rußer Wasserpunsch besonders bekannt.
Für den Rußer Milchpunsch preßt man drei ungespritzte Zitronen aus. Ihre Schalen und eine Vanilleschote schneidet man in Streifen. Die Streifen und den Saft der Zitronen verrührt man mit einem Pfund Zucker und läßt das Ganze einen Tag lang ziehen. Dann kocht man einen Liter Milch auf und gibt die Milch heiß dazu. Einen Liter Wasser kocht man ebenfalls ab, läßt das Wasser kalt werden und vermischt es dann mit dem Rum und dem Arrak. Nun gießt man die Zutaten in einem Gefäß zusammen und läßt sie nochmals ein paar Stunden ziehen. Zum Schluß filtert man das Getränk, gießt es in Flaschen und stellt sie in den Keller. Nach einem Vierteljahr ist der Milchpunsch ausgereift.

Rußer Neunaugen

Das Flußneunauge im Gewässer
vom Ruß-, Skirwiet- und Atmathfluß
war allen Gästen und Genießern
im Preußenland ein Hochgenuß.

Der Zander, Hecht' und Barschen ähnlich,
kam ebenfalls als Speisefisch,
gebraten oder fein geräuchert,
auf jeden Rußer Mittagstisch.

Die Räucherei in Ruß am Strome
war überall im Preußenland
durch Flußneunaugen und durch Zander
auf Speisekarten wohlbekannt.

Und hatte man zum Flußneunauge
noch einen ganz besond'ren Wunsch,
dann trank man, ei, das schmeckt wie Schmooskes,
den Rußer Milch- und Wasserpunsch.

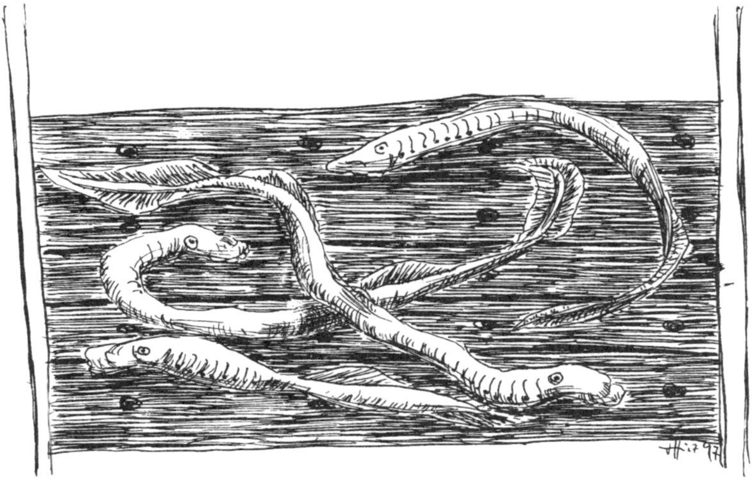

In Ruß, Kreis Heydekrug, Regierungsbezirk Gumbinnen, gab es einen großen Holz- und Getreidehandel. Den Ort am bekanntesten aber machten der Zander und das Neunauge.
Das Flußneunauge, auch Pricke genannt, ist ein fischähnliches Wirbeltier, das zu den Rundmäulern gehört und dem Aal sehr ähnlich sieht.
Es hat eine Schwanzflosse und zwei Rückenflossen. In stehenden Gewässern bewegt es sich schlängelnd wie der Aal, in fließenden Gewässern ruckartig. Hinter den beiden Augen des Tieres befinden sich sieben Kiemenöffnungen. Daher stammt der Name Neunauge.
Der Zander ist dem Barsch ähnlich, aber schlanker. Er ist wie der Hecht ein ausgesprochener Raubfisch. Deshalb nennt man ihn auch Hechtbarsch.
Ruß hatte eine Neunaugen- und Zanderräucherei, die weit über die Grenzen des Landes bekannt war. Zander und Neunaugen aus Ruß waren als Speisefische hoch geschätzt und begehrt.

Rußer Wasserpunsch

Einen Liter roten Port
nimmt man für den Punsch,
Wasser kaum „ein Nasloch voll“,
Zucker je nach Wunsch.

Eine halbe Flasche Brand
runden Bild und Brauch,
echter Weinbrand darf es sein,
guter Cognac auch.

Wer ihn liebt als Heißgetränk,
trinkt den Trunk zu zweit,
„Mannche“, schon beim ersten Schluck
spürt man Seligkeit.

„Prost Marjellchen, halt' dich fest
an der Ofenbank;
denn der Rußer Wasserpunsch
ist ein Zaubertrank.“

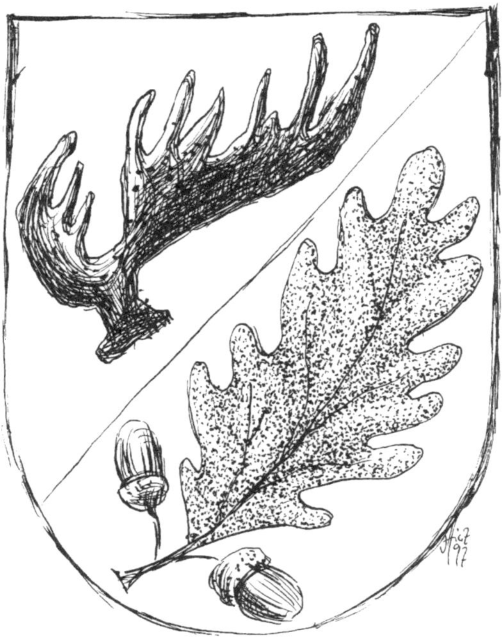

Die Ruß, wie die Gilge ein Mündungsarm der Memel, ist bis zu 225 Meter breit.
In der Gabelung von Skirwiet und Atmath, den beiden Deltaflüssen des Rußstromes, liegt die Stadt Ruß.
Die Einwohner hatten viel Humor. Beweis: Sie nannten ihre scharfen Sachen, die sogar einen Seemann ins Wanken brachten, ganz harmlos Wasser- oder Milchpunsch.
Zum Rußer Wasserpunsch, einer Köstlichkeit aus Ruß, gehören eine ganze Flasche Portwein, eine halbe Flasche Weinbrand oder Cognac, etwa eine Tasse voll Wasser und um die hundert Gramm Zucker.
Der Port und Weinbrand bzw. Cognac wird zusammen erhitzt, aber nicht gekocht. Und dann ab in den siebten Himmel.

Samländer Aquavit

Aquavit ist Lebenswasser,
ist in Maßen sehr gesund,
ist durch Korn und Kümmelsamen
im Charakter würzig rund.

Bürger, Fischer, Bauern, Jäger
tranken ihn vor einem Bier;
denn er wirkt auf Darm und Magen
wie ein Lebenselixier.

Feuer, Erde, Luft und Wasser
schufen diesen edlen Brand,
der nicht nur an Samlands Küsten
Kenner und Genießer fand.

Aquavit ist schnelles Wasser,
und es wirkt so schnell wie Sekt,
der die müden Lebensgeister
und die Sinnenfreude weckt.

Das Samland ist von Wasser umgeben wie eine Insel und sieht einem liegenden Rechteck ähnlich. Die Wassergrenzen im Norden sind die Ostsee und das Kurische Haff und im Süden das Frische Haff und der Pregel.
Im Osten ist die Wassergrenze die Deime, ein Nebenarm des Pregels, der ins Kurische Haff fließt, und im Westen ist es auch ein Teil der Ostsee.
Im Samland wurden Kartoffeln, Roggen und Weizen angebaut. Hier brannte man auch den Samländer Aquavit aus Korn. Kümmelsamen geben dem Destillat die Würze. Kümmel tut dem Magen wohl.
Der Name Aquavit kommt aus dem Lateinischen. Aqua ist das Wasser und vita das Leben. Der Alkohol des Destillats, das nach dem Reinheitsgebot hergestellt wurde, betrug zwischen 38 und 45 %.

Schippenbeiler Bürgermeister

Eine Flasche Spätburgunder,
eine ganze Flasche Rum:
Schön vermengt entsteht ein Wunder
ohne viel Brimborium.

Knapp vier Wochen muß man warten;
doch sofort weiß das Gemüt,
selig werden, die da harrten,
wenn der Trunk im Glas erblüht.

Herrlich ist's, daran zu nippen,
ganz behutsam, immerzu;
doch man darf das Glas nicht kippen,
sonst verliert man seine Schuh'.

Trank den Trunk ein Bürgermeister
seinem Liebestraum zum Heil?
Jedenfalls, auf ihn, da weist er,
und er kommt aus Schippenbeil.

Schippenbeil liegt im Landkreis Bartenstein, Regierungsbezirk Königsberg i. Pr., und zwar dort, wo die Guber mit Deime, Zaine und Liebe in die Alle fließt.

Die Vergangenheit der Stadt war bewegt. Sie ging im 14. Jahrhundert aus einer Siedlung hervor. Im Laufe der Zeit wurde sie von mehreren Belagerungen, Besetzungen, Großbränden und der Pest heimgesucht. Vielleicht erfand deshalb ein Schippenbeiler Bürgermeister ein Getränk, das es in sich hatte und das Schippenbeiler Bürgermeister genannt wurde.

Vielleicht gab es aber auch einen Schippenbeiler Bürgermeister, der einmal großen Liebeskummer hatte.

Jedenfalls besteht das Getränk aus echtem Rum und schwerem Burgunder, und zwar je zur Hälfte. Es wird aus Weingläsern getrunken, aber erst nachdem es vier Wochen gut vermischt im Keller lagerte.

Tapiauer Bärenblut

In Tapiau, in Tapiau,
da wußte jede Maid genau:
Es steckt ein Liebeswunder
im Bärenblut-Holunder.

Den Saft der Beeren setzte man
im Herbst mit Bienenhonig an,
vermied bewußt zu sparen
an ed'lem Korn und Klaren.

Das Tapiauer Bärenblut
tat wintertags dem Herzen gut
und sommertags den Sinnen:
Der Kummer flog von hinnen.

In Tapiau, in Tapiau,
da war nicht nur der Himmel blau,
dort schuf man Liebeswunder
durch Bärenblut-Holunder.

Tapiau liegt im Kreis Wehlau, und zwar an der Deime und dem Pregel, östlich von Königsberg i. Pr.
Das Ordensschloß stammt aus dem 13. Jahrhundert. Im Schloß starb am 20. März 1568 Herzog Albrecht, der letzte Hochmeister des Deutschen Ritterordens, bevor der Staat ein weltliches Herzogtum der Hohenzollern wurde.
Lovis Corinth, einer der großen Maler des Impressionismus, erblickte am 21. Juli 1858 in Tapiau das Licht der Welt. Sein Altarbild „Golgatha" schenkte er 1910 der Kirche in Tapiau.
Der Bärenblut-Holunder, eine Spezialität Ostpreußens, wurde u. a. auch in Tapiau hergestellt. Der Holder, Holler, schwarzer Holunder, lat. sambucus nigra, ist eine Heilpflanze.
Beeren, Blätter und Blüten, die Rinde und die Wurzeln, werden in der Heilkunde für die innere und äußere Medizin verwendet. In Spirituosen wirkt der Holunder besonders heilkräftig, stimulierend und angenehm.

Thorner Kathrinchen

Thorner Kathrinchen,
Kathrinchen aus Thorn,
euch haben Kinder
zum Fest auserkor'n.

Nicht nur zur Weihnacht
im Westpreußenland
seid ihr als Plätzchen
den Menschen bekannt.

O Katharina,
Kathrinchen, Kathrein,
wer möchte Kind nicht
zur Weihnachtszeit sein?

Thorner Kathrinchen,
Kathrinchen aus Thorn,
uns wurde Christus
der Heiland gebor'n.

1233 wurde Thorn an der Weichsel vom Deutschen Orden gegründet. Die Stadt wurde Mitglied der Deutschen Hanse. Die ehrwürdigen Kirchen Thorns, die Marien-, Jacobi- und Johanneskirche, wurden im 13. und 14. Jahrhundert erbaut, das gotische Rathaus 1393.
1411 und 1446 mußte der Deutsche Orden mit Polen den ersten und zweiten Thorner Frieden schließen. Dadurch kam Thorn als Stadtstaat unter polnische Oberhoheit. Nach wechselhafter Geschichte gehört Thorn heute zu Polen. Die Geburtsstadt von Nikolaus Kopernikus ist Thorn. Sein Denkmal steht vor dem Rathaus.
Thorner Kathrinchen sind ein Gebäck. Sie werden mit einer Katharinchenform aus einem Spezialteig herausgestochen. Man bäckt sie zwanzig Minuten lang bei mäßiger Hitze. Anschließend werden die Plätzchen mit einem Zucker- oder Schokoladenguß überzogen.
Für ein Blech Thorner Katharinchen benötigt man 1 kg Mehl, 100 g Butter, 400 g Honig, 400 g Zucker, 25 g Pottasche, 1 Päckchen Pfefferkuchengewürz, 1 Ei, 1 Zitrone und 1/8 Liter Rosenwasser.

Tiegenhöfer Machandel

Peter Stobbe brannte ihn,
diesen Schnaps aus Kaddigbeeren,
manches Bommchen mit der Plum
trank der Kenner ihm zu Ehren.

Aufgespießt holt man die Plum
mit dem Knüppel aus dem Glase,
schiebt sie schnuppernd in den Mund,
kraust vor Wonne Stirn und Nase.

Langsam wird die Plum zerkaut,
schneller greift man zum Machandel,
ei, der Daus, man spürt im Nu
einen wunderlichen Wandel.

Rasch den Knüppel abgeknickt,
daß es knackt bis hin zum Daumen.
Wer's nicht tut, ist selbst dran schuld
und bezahlt die nächsten Pflaumen.

Tiegenhof liegt im Weichsel-Nogat-Delta, Kreis Groß-Werder, Regierungsbezirk Westpreußen.
Besonders bekannt wurde der Ort durch den Tiegenhöfer Machandel und das Tiegenhöfer Bier. In Tiegenhof gab es eine Brauerei und eine Brennerei, die miteinander verbunden waren.
Durch Mennoniten aus Friesland und Holland, die als Siedler ins Land kamen, wurde seit 1776 in Ost- und Westpreußen Machandel destilliert.
Einer, der es in diesem Fach zu großem Ansehen brachte, war Peter Stobbe in Tiegenhof.
Kaddig nannten die westbaltischen Stämme der Prußen den Wacholder, den man im Niederdeutschen Machandel nennt. Die Beerenzapfen des Kaddigs, Wacholders, Machandels brauchen zwei Jahre bis zur Reife.
Die Plum ist die Pflaume, das Bommchen ein Schnapsglas in Faßform und der Knüppel ein angespitztes Holzstäbchen.

Tilsiter Käse

Den Käse mit den feinen Poren,
den kennt man heut in aller Welt,
bei Tilsit wurde er geboren,
der Käse mit den feinen Poren,
nach Hausrezepten hergestellt.

Es grasten Rinder auf den Auen
im Bernsteinlande, überall,
im Licht des Sommers melkten Frauen
die Kühe auf den satten Auen
und wintertags im warmen Stall.

Bei Tilsit schuf man Käselaibe
vom Memel- bis zum Ostseestrand,
wie Butter bis zur letzten Scheibe
war jedes Stück der Käselaibe,
das in den Käserei'n entstand.

Das Grundrezept ward nicht vergessen,
auch nicht des Käses Eigenart,
man kann ihn in der Fremde essen;
denn sein Rezept blieb unvergessen,
die Liebe hat es aufbewahrt.

Die Kreisstadt Tilsit an der Memel im Regierungsbezirk Gumbinnen ging aus der Burg Tilse hervor, die 1407 vom Deutschen Orden gegründet wurde.
Schon in der Ordenszeit vor über 700 Jahren wurde in Ostpreußen Käse hergestellt. Im Laufe der Zeit wurde er durch Mennoniten aus Holland, Calvinisten aus der Schweiz und Hugenotten aus Frankreich verbessert und verfeinert. So entstand der berühmte Tilsiter Käse, der den besten Schnittkäsesorten aus Holland, der Schweiz und Frankreich ebenbürtig ist.
Zwei Thurgauer Käser, Hans Wegmann und Otto Wartmann gingen nach Ostpreußen und lernten in der Elchniederung von einem Schweizer, namens Nessloff und einer Frau Westphal aus Milchbude in der Elchniederung die landesübliche Käsezubereitung des Tilsiter Käses kennen. Als sie in ihre Heimat zurückkehrten, stellten sie in der Schweiz den Schweizer Tilsiter her.
Auch in Dänemark übernahm man die Rezepte des Tilsiter Käses und verkauft Dänischen Tilsiter.
Ein Tilsiter Käselaib ist etwa 10 Zentimeter dick. Sein Durchmesser beträgt ungefähr 25 Zentimeter.

Tolkemiter Brüllkater

Am Frischen Haff gab's starkes Bier,
gebraut in Tolkemit,
und wer den „Tuntel“ sich begoß,
der kam aus Schritt und Tritt.

Wer dachte, jedes „Tulpche“ Bier
wär' harmlos wie ein Kelch,
fing unverblümt zu röhren an,
als wäre er ein Elch.

Zuerst ganz leise und nasal,
dann plötzlich katerlaut:
Erbarmsterchen! Das Gerstenbier
war schottenstark gebraut.

Die Tolkemiter Lomme kennt
ein jeder Fahrensmann,
und trinkt er Tolkemiter Bier,
dann gibt er mächtig an.

Tolkemit, Kreis Elbing, Regierungsbezirk Marienwerder, liegt an der Küste des Frischen Haffes.
Die Menschen lebten von der Fischerei und Landwirtschaft. Ein Nebenerwerb war die Herstellung von Butter- und Heringsfässern, das „Steinzangen“ und Bierbrauen. Beim „Steinzangen“ wurden mit der Tolkemiter Lomme, einem Zweimast-Gaffelsegler, Steine vom Meeresgrund gehoben. Eigentlich war die Tolkemiter Lomme, die dem Kurenkahn auf dem Kurischen Haff ähnlich sieht, zum Transport von Getreide und Vieh bestimmt.
Das mehr berüchtigte als berühmte Tolkemiter Starkbier wurde aufgrund seiner Wirkung auch Brüllkater oder Röhrkater genannt. Der oder die Tuntel ist die Nase, besonders eine große Nase.

Trakehner Blut

Trakehner Blut, ein Feuertrunk,
ein ausgereifter Bitter,
man trinkt ihn wie ein Reitersmann
und fühlt sich wie ein Ritter.

Man schließt die Augen und erkennt
auf Koppeln eine Herde,
man sieht Trakehnens Hauptgestüt
und seine Rassepferde.

Man blickt im Geist auf beste Zucht
von Füchsen, Rappen, Braunen,
und kann ihr Zeichen, elchgeprägt,
erkunden und bestaunen.

Man denkt ans heißgeliebte Land,
die Seele voller Sehnen,
und trinkt den edlen Kräutertrank
im Geiste von Trakehnen.

In Trakehnen, Kreis Ebenrode/Stallupönen, Regierungsbezirk Gumbinnen, befand sich das Hauptgestüt der ostpreußischen Pferdezucht. Das Gebiet umfaßte mehr als 60 Quadratkilometer.
Eine einheitliche Trakehnerzucht begann 1732 auf Anordnung des Königs Friedrich Wilhelm I. rund um Trakehnen mit 12 Vorwerken. Im Jahre 1787 wurde die siebenzackige Elchschaufel als Gestütsbrandzeichen eingeführt.
Ostpreußen war das größte Pferdeland des Deutschen Reiches. 1938 gab es in Ostpreußen 478 500 Pferde, wie sich bei einer Jahreszählung herausstellte.
Der Hengst Tempelhüter gilt als der bedeutendste Vererber der Trakehner Pferdezucht. Friedrich der Große, der Alte Fritz, der an der Gicht litt, ist am liebsten auf Trakehnern ausgeritten. Die Berliner sagten: „Keener ist so flink und flott wie ein Trakehner."
Trakehner Blut, nach den Trakehner Pferden benannt, ist mit seinen 40 Prozent Alkohol ein rassiger Halbbitter, rassig wie die Trakehner Pferde.

Treuburger Wochenmarkt

Auf dem Marktplatz frische Butter,
Schmand und Glumse, Honigduft,
Duft nach Butter, Schmand und Glumse,
lag am Markttag in der Luft.

Honig kosten, Butter schmecken,
dort und hier in freier Wahl,
war von Cranz bis Nikolaiken
Tradition und Ritual.

Ob in Königsberg, Gumbinnen,
Treuburg oder Angerapp,
überall gab's frische Butter,
Stände auf und Stände ab.

Heißer Wunsch in weiter Ferne:
„Butter schmecken, Stand bei Stand,
nichts geht über eig'ne Butter,
nichts geht übers Heimatland."

Die Kreisstadt Treuburg gehört landschaftlich zu Masuren. Sie liegt im Regierungsbezirk Gumbinnen am Ausfluß der Lega aus dem Oletzkoer See. Sie ist eine Gründung des Herzogs Albrecht und hieß zuerst Marggrabowa (Markgrafenstadt).

Die beiden Namen Treuburg und Marggrabowa tauchen fast gleichzeitig auf, und so heißt die Stadt in bestimmten Zeitabständen einmal Treuburg und einmal Marggrabowa.

In Treuburg wurden die meisten Schneetage im Jahre gezählt und so galt die Stadt als die kälteste in der Provinz Ostpreußen. An Markttagen herrschte auf dem Marktplatz von Treuburg, dem größten Marktplatz Deutschlands, ein reger Handel und Wandel. Der Marktplatz war sieben Hektar groß, was einer Größe von etwa zehn Fußballfeldern entspricht.

Das Kosten und Probieren der Ware auf dem Markt war ein uralter Brauch.

Wiartler Kosakenkaffee

Türkenmokka der Kosaken,
frisch und stark wie junger Lenz,
ist durch Schnaps und Kaffeebohnen
Nonplusultra der Essenz.

Süßer Schmand darf niemals fehlen,
tropft man ihn ins Glas hinein,
fängt die Mischung an zu leben
nur durch ihr Vorhandensein.

Wie das Leben sich verändert,
ändert sich des Kaffees Grund,
und Verliebte küssen heimlich
sich beim Mokka auf den Mund.

Jeder Tropfen in der Tiefe
formt ein Zeichen, wundermild,
zaubert ohne jede Frage
Heimatnähe, Bild an Bild.

Wiartel liegt in der Nähe des Niedersees in Masuren. In dem kleinen Ort im Kreis Johannisburg, Regierungsbezirk Allenstein, wurde Kosakenkaffee hergestellt, der wegen seiner Beliebtheit sehr gefragt war.
In manchen Gegenden Ostpreußens nannte man das Getränk auch Kurenkaffee, Mokkalikör oder Kaffeelikör.
Ein paar Tropfen Kondensmilch oder Schmand (Sahne) beleben den Likör und lassen im Glase Bilder, Zeichen und Ornamente erscheinen, die ständig ihre Form wechseln.
Mokka ist eine kleinbohnige Kaffeesorte, benannt nach dem Umschlaghafen Mokka, der am Roten Meer im Jemen liegt. Wiartler Kosakenkaffee und Nikolaikener Maränen waren Spezialitäten auf der Masurischen Seenplatte in und um Lötzen.

Zintener Krebse

Zinten war im Bernsteinland
durch ein Krustentier bekannt,
Krebse aus dem Stradickfluß
waren stets ein Hochgenuß.

Morgens fing man Krebse frisch,
mittags krönten sie den Tisch;
denn ihr Fleisch aus Schwanz und Scher'
war beliebt und schmeckte sehr.

Soß' und Suppen, fein und zart,
gab es stets nach Zint'ner Art,
ob mit Kümmel, ob mit Dill:
Aber niemals im April!

Ohne „r" der Monat sei,
also ißt man Krebs im Mai,
Juni, Juli und August:
Krebse steigern Lieb' und Lust!

Zinten, Kreis Heiligenbeil, Regierungsbezirk Königsberg i. Pr., liegt am Stradickfluß. Zinten war nach Heiligenbeil die zweitgrößte Stadt im Kreis.
Zur Zeit der Reformation galt Zinten in bezug auf das Ermland als Ausland; denn das Ermland war katholisch, Zinten aber protestantisch. Auf Anordnung des Bischofs durften Nichtkatholiken immer nur ein Jahr im Ermland wohnen und leben. Deshalb gingen die im Ermland beheimateten Protestanten einmal im Jahr, meistens um die Neujahrszeit herum, für ein paar Tage nach Zinten. Mit einer amtlichen Bescheinigung ausgerüstet, erhielten sie wieder die Erlaubnis, für ein Jahr im Ermland zu wohnen.
1352 erhielt Zinten das Recht, den Stradickfluß abzufischen. Da er reich an Krebsen war, wurde Zinten durch seine Krebse besonders bekannt. Krebse gehören, wie der Hummer, die Garnelen, Langusten und Krabben, zu den Krustentieren. Austern, Muscheln und Schnecken heißen dagegen Schalentiere.
Krebsragout, Krebsschwänze in Dill und Krebse in Aspik waren eine Zintener Delikatesse.

Zoppoter Liköre

„Fromme Helene“,
ein „Herzblättchen“
und „Ahnungsvoller Engel“,
wagt mittels „Sorgenbrecher“
einen „Blick ins Jenseits“
und spürt bei „Starkstrom“
einen „Kuß mit Liebe“.

„Sanfter Heinrich“
und „Zahmer August“
kriegen ein „Knickebein“
ohne „Hoffnungsstrahl“
durch „Unglückliche Liebe“
und seh’n bei „Windstärke 11“
„Zoppoter Glühwürmchen“.

„Mir wackelt der Bauch“,
sagt „Rasender Lorbaß“;
denn „Marzipantorte“
ist „Scheibenkleister“
und „langsamer Selbstmord“.
Her mit dem „Lebenswecker“:
„Stichpimpulobockforziolurum“!

Das Ostseebad Zoppot in der Danziger Bucht war das bedeutendste Seebad im deutschsprachigen Raum.
Schon im 16. Jahrhundert ging aus dem Dorf Sopoth, das zum Zisterzienserkloster Oliva gehörte, ein Kurort hervor, der seit 1829 zum Seebad ausgebaut wurde. Der Ort erhielt 1902 Stadtrechte. Mit Danzig und Gdingen bildet Zoppot ein Städtedreieck.
Als Zoppot in seiner Eigenschaft als Seebad noch weltberühmt war, unterhielt die Firma Feinkost-Mühling im Ostseebad Zoppot ein originelles Lokal. Dort gab es Liköre mit phantasievollen Namen vom „Spinat mit Ei“ bis zum „Danziger Pomuchel“ und von „Tiegenhofer Neunkraft“ bis zum „Leichenwagen mit Goldtrotteln“. Fünf Sorten Nikolaschka und zwei Sorten Machandel waren im Angebot.
Ein Likör kostete zu Kaisers Zeiten 60 Pfennig und mit Liebesperlen 75 Pfennige.

Besondere Ausdrücke

Austen	Ernten, Kornernte im Au(gu)st
Bommchen	Schnapsgläschen in Faßform
butschen	küssen
ein Nasloch voll	wenig, ein bißchen
Erbarmen	Ausruf für echtes oder gespieltes Entsetzen
Flinsen	Kartoffelpuffer, auch Mehlpfannkuchen
Gelböhrchen	Pfifferlinge
Glumse	Weißkäse, Quark
Glumsnickel	einer, der gern Quark ißt
Ilske	Iltis
Kaddig	Wacholder
Kingersch	Kinder
Kissehl	Haferbrei
Kopskegel	Purzelbaum
Kornus	Schnaps aus Korn gebrannt
Mannche	freundliche Anrede
Meschkinnes	Bärenfang, Honiglikör
Plachandern	sich längere Zeit unterhalten
Plinsen	weinen, heulen
Schabbelbohnen	geschnittene grüne Bohnen
Schlubberchen	ein alkoholischer Schluck
Spirkel	feingeschnittener Speck
Schmand	Sahne
Skudden	Schafsrasse, Ostpreußenschaf
Tulpchen	Glas Bier
Wie Schmooske	schmeckt besonders gut
Wuschen	warme Hausschuh

Köstlichkeiten und Besonderheiten aus West- und Ostpreußen